AF383991

COUR D'ASSISES DE L'AVEYRON

AFFAIRE WATRIN

AUDIENCES DES 15, 16, 17, 18, 19 ET 20 JUIN 1886

PLAIDOIRIES

DE

Mᵉ Léon RENAULT

ET DE

Mᵉ AUBIN

Pour Mademoiselle WATRIN, partie civile

PARIS

IMPRIMERIE ET LIBRAIRIE CENTRALES DES CHEMINS DE FER

IMPRIMERIE CHAIX

SOCIÉTÉ ANONYME AU CAPITAL DE SIX MILLIONS

Rue Bergère, 20

1886

COUR D'ASSISES DE L'AVEYRON

AFFAIRE WATRIN

Audiences des 15, 16, 17, 18, 19 et 20 Juin 1886

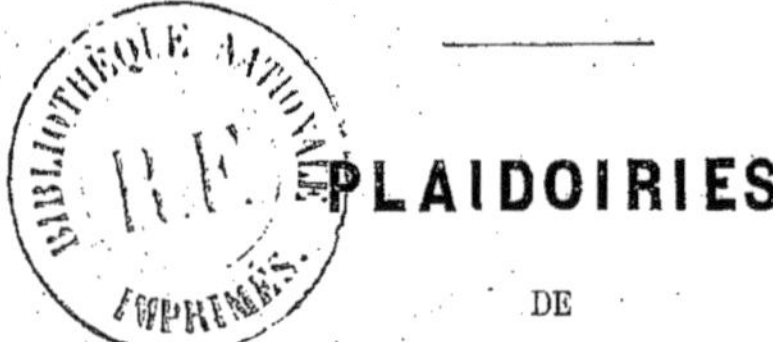

PLAIDOIRIES

DE

Me Léon RENAULT

ET DE

Me AUBIN

Pour Mademoiselle WATRIN, partie civile

PARIS

IMPRIMERIE ET LIBRAIRIE CENTRALES DES CHEMINS DE FER

IMPRIMERIE CHAIX

SOCIÉTÉ ANONYME AU CAPITAL DE SIX MILLIONS

Rue Bergère, 20

1886

COUR D'ASSISES DE L'AVEYRON

LA GRÈVE DE DECAZEVILLE.—ASSASSINAT DE M. WATRIN

Plaidoirie de Me AUBIN

(Pour la partie civile).

MESSIEURS DE LA COUR,
MESSIEURS LES JURÉS,

Au moment où je me lève dans cette enceinte, ayant le devoir et le magnifique honneur de tracer le portrait de M. Watrin et de réhabiliter sa mémoire ; au moment où, en présence des accusés, et pour leur châtiment, je vais essayer de faire revivre cet honnête homme devant ceux qui l'ont assassiné !.... je vous l'avoue, Messieurs, je ne me défends pas d'une vive émotion, — car le sujet est grand, et je me sens inférieur à ma tâche !

Mais je suis encouragé par cette considération, par cette conviction, que vous avez déjà apprécié M. Watrin ; que vous avez pu mesurer tout ce qu'il y avait de profondément honnête, de loyal, dans cette nature d'homme, — de telle sorte que je n'ai plus qu'à traduire, il me semble, et qu'à résumer les sentiments d'estime et de pitié que vous avez certainement éprouvés pour cette malheureuse victime !

Ainsi, le 26 janvier, M. Watrin a été misérablement, abominablement assassiné. Vous vous rappelez les scènes terribles, toutes dramatiques, qui se sont déroulées pendant près de cinq heures : une série d'insultes et de menaces ; une blessure horrible faite par un homme qui payait ainsi un service autrefois rendu ; d'autres blessures graves ; dans cette chambre des anciens bureaux, suivant l'expression d'un témoin, une sorte de boucherie à laquelle tout le monde, mégères et assassins, voulaient prendre part ; le corps de M. Watrin lancé dans le vide et venant s'écraser sur le sol, et là, la rage s'exerçant encore furieuse : *on se lançait ! on sautait dessus !* vous vous rappelez ces termes, — et enfin, la foule ayant disparu, emmenée par un homme, maire et médecin, dont la responsabilité est grande ! M. Watrin emporté mourant dans ce petit hospice de Decazeville, tout rempli du souvenir de ses bienfaits, et expirant après quelques soins inutiles : — voilà, sans plus de détails, le récit de cette épouvantable journée du crime.

Quel est donc l'homme qui a été ainsi martyrisé, assassiné, — et dont la mémoire a été encore abaissée, avilie et souillée dans une partie de l'opinion publique, à ce point que du nom de Watrin, de ce nom toujours si honorablement porté, on a osé faire une sorte d'épithète méprisante et de verbe insultant !

Cet homme était donc bien détesté ? il en était donc arrivé à éveiller, à susciter autour de lui les rancunes qui ne pardonnent pas et les haines qui se vengent ? l'heure de l'expiation avait donc sonné ? — Eh bien, voyons ensemble, et jugeons sa mort avec sa vie !

M. Watrin, né en 1837, appartenait à une famille extrêmement modeste. Son père était un simple tailleur habitant la petite bourgade de Mëy, aux portes de Metz.

Pour qu'il entrât au collège, il fallut que sa famille s'imposât de durs sacrifices. L'enfant ne fut pas sans s'en apercevoir, et sa nature consciencieuse et loyale le porta de suite à récompenser les siens, comme il le pouvait, par son assiduité au travail. Bientôt aussi, Messieurs les jurés, fut-il remarqué comme élève et cité comme exemple. Ayant quitté le collège, son éducation achevée, pour entrer à l'École des mines de Saint-Étienne, il en sortait après le temps d'études nécessaires, le premier de sa promotion. L'homme tenait ce qu'avait promis l'enfant.

Et alors, pendant 27 ans, en quelque sorte sans repos, nous voyons M. Watrin consacrer sa vie, son intelligence, à l'industrie ; — et, en même temps qu'il applique son esprit d'initiative à l'étude des méthodes nouvelles et des procédés nouveaux qui permettent le travail à meilleur marché, il n'est pas sans chercher non plus à améliorer le sort de ses ouvriers.

Après avoir traversé diverses usines, il est en 1863, attaché comme ingénieur et comme chef de fabrication à l'usine Saint-Jacques, dépendant de la Société des Forges de Châtillon et de Commentry. Il quitte cette usine, après neuf ans, pour aller diriger en Alsace les forges et aciéries de Monterhousen, appartenant à la Société Dietrich et Cie. Il y reste peu de temps, moins longtemps que ne le comportaient les travaux pour lesquels il y était entré : Pourquoi ? c'est que, Messieurs les jurés, bien que la maison Dietrich et Cie fût une ancienne maison française, son patriotisme ne put pas s'acclimater au voisinage de l'étranger : — de telle sorte qu'il revint bientôt en France.

En 1877, nous le voyons rentrer à la Société des forges de Châtillon et de Commentry. Depuis un an ou deux, on le savait libre. On vint à lui. On n'ignorait pas tout ce que cet homme renfermait d'intelligence et de valeur, et combien il serait précieux pour mettre en œuvre et diriger l'usine de Saint-Montaud nouvellement fondée par cette Société de Châtillon et de Commentry. Quelques-uns de vous la connaissent peut-être et savent le degré de prospérité qu'elle a atteint à cette époque. Cette prospérité était due à M. Watrin. — Cependant, après trois ans d'un labeur incessant, il résignait ses fonctions — et c'est ainsi, qu'en septembre 1880 il arrivait à Decazeville en qualité de sous-directeur de la Compagnie des Forges et Houillères de l'Aveyron.

Là, Messieurs, quels appointements lui donne-t-on ? — Permettez-moi de vous faire connaître ce détail qui ne sera pas sans vous édifier. Pour toute cette intelligence, pour toute cette valeur, après tout ce passé, — on lui offre — et il accepte, — 12,000 francs par an ! Mais il est entendu qu'il lui sera alloué annuellement une gratification qui pourra s'élever jusqu'à 3,000 francs.

Vous comprenez bien, Messieurs, — étant donné ce que vous savez maintenant de l'énergie consciencieuse et laborieuse de M. Watrin, — qu'il allait arriver bientôt au maximum de la gratification promise. Et en effet, au mois de décembre dernier, les 3,000 francs de gratification devaient venir s'ajouter aux 12,000 francs d'appointements alloués à M. Watrin. Mais à ce moment, comme la Société des Forges et Houillères de l'Aveyron, pour l'exercice écoulé, ne pouvait pas donner de bénéfices à ses actionnaires, — on écrivit à M. Watrin que sa gratification était réduite de 1,000 francs, et celui-ci alors annonça qu'il acceptait cette diminution dans une lettre bien caractéristique, révélant d'une façon saisissante le côté modeste de son caractère en même temps que son esprit de discipline.

Voici cette lettre, Messieurs. Elle est adressée au Président du Conseil d'Administration et elle porte la date du 31 décembre 1885 :

« En ce qui me concerne, permettez-moi de vous dire que
» je trouve le Conseil d'Administration très libéral à mon
» égard et eût-il fait moins, que j'en aurais été très satisfait
» et très reconnaissant. »

Cette lettre, Messieurs, se passe de plus de commentaire !

Voilà les étapes parcourues par cet enfant du peuple, qui s'était grandi lui-même par son travail, et qui le 26 janvier, en pleine vie laborieuse, est tombé sous les coups de ces misérables !

Eh bien ! Messieurs, pendant cette longue et pénible carrière, M. Watrin a-t-il agi de façon à indisposer l'ouvrier contre lui ? — Pour préciser, pour fouiller plus à fond cette nature et ce caractère, laissez-moi vous dire loyalement comment cet homme m'apparaît, — et comment il doit être jugé par vous.

Homme de devoir, il se sentait avant tout, lié aux chefs qu'il avait à servir, comme il aurait désiré que ses ouvriers fussent attachés à lui : — mais il ne comprenait et n'acceptait les devoirs et les nécessités de sa mission ou de ses fonctions, que dans la mesure où il n'y avait ni une exploitation de l'homme à chercher, ni une injustice à faire subir à qui que ce fût.

Et bien au contraire, comme il n'était pas de ces chefs d'industrie qui ne se préoccupent pas de ceux qui travaillent à leurs côtés, lui, Messieurs, il s'inquiétait sans cesse des misères et des souffrances de ses ouvriers, non pas pour les trahir, comme on a osé le dire ici, mais pour les écouter, les comprendre et les soulager ! -

Ah ! on aurait pu faire comparaître devant vous un grand nombre de témoins qui seraient venus vous déclarer que cet homme, ce fondateur de la caisse de secours mutuels et de la caisse de retraite pour la vieillesse, montait souvent à l'hospice de Decazeville, et que là il allait voir, secourir et consoler, non seulement les malades, mais encore ceux à qui il s'intéressait surtout : les blessés, ces victimes du travail. — C'est à ce même hospice, qu'à son tour, victime du devoir, il a été apporté dans cette nuit funeste et lugubre du 26 janvier 1886.

Insisterai-je pour vous dire que M. Watrin était bon, bienveillant et charitable ?

Vous vous rappelez la déposition de ce témoin qui est venu déclarer : que chaque dimanche, il donnait, de sa poche, une petite somme à des pauvres et que deux fois par semaine, le jeudi et le dimanche, il commandait à sa domestique un repas pour quatre malheureux.

Insisterai-je pour vous dépeindre son caractère, son affabilité, sa courtoisie et la correction de ses manières?

Vous vous rappelez la déposition de M. Laur, ingénieur en chef des mines — déposition qui ne sera suspecte à personne. M. Laur connaît les ouvriers de Decazeville depuis longtemps; depuis longtemps également il était en relations avec M. Watrin : c'est donc de M. Watrin, envisagé comme vivant au milieu de ses ouvriers, qu'il a parlé quand il a dit à votre dernière audience : « M. Watrin était un homme des plus » courtois, des plus affables et des plus corrects. »

Ce qui n'a pas empêché cette opinion de se répandre : « qu'il était dur pour l'ouvrier! » Oui, il était dur — mais pour les mauvais ouvriers et pour les voleurs — ainsi qu'on l'a fait préciser devant vous ; pour les autres, il était juste — et rien de plus. Il ne demandait à l'ouvrier — lui, l'inflexible pour lui-même, — que ce qu'il pouvait donner, mais tout ce qu'il pouvait donner. Son exigence était réelle, mais tout en allant jusqu'à la sévérité, elle n'en franchissait jamais les limites ; parfois même elle cédait à la compassion naturelle à son cœur.

Lescure n'en est-il pas un saisissant exemple, lui qui, repoussé de tous les chantiers après sa condamnation à 40 jours de prison, n'a dû qu'à l'insistance de M. Watrin d'être réintégré dans les travaux des mines? Et vous vous rappelez dans quelles conditions, à la suite de quel entretien? C'est de Lescure lui-même que nous tenons les détails de la scène. Lescure va trouver M. Watrin. Il parle de sa condamnation, il s'excuse, il demande du travail. M. Watrin croit à un repentir sincère et cédant à sa prière, — voyons, est-ce un méchant homme qui pourrait parler ainsi? il lui dit « travaille et sois sage » — et Lescure de répondre : « Je serai sage. » Quel démenti sanglant il devait donner à sa promesse! Comme on prend en pitié ce pauvre M. Watrin et en horreur ce misérable

Lescure, quand on se rappelle la déposition si émue de M. Le-
monnier, ne pouvant retenir ses larmes au moment où il vous
disait : « M. Watrin, frappé, a reconnu certainement Lescure.
» La mémoire du service qu'il lui avait rendu a même traversé
» son esprit ; je l'ai compris à l'accent étonné et douloureux
» avec lequel portant la main à son front, et chancelant, il a
» murmuré : « Lescure, ah! Lescure! »

Je pourrais m'arrêter ici, car je suis sûr que vous connaissez
maintenant M. Watrin. Je sens que tant d'injustice et tant de
cruauté ont dû indigner vos consciences. Aussi bien, je ne
veux pas reprendre grief par grief et détail par détail tous
les reproches qu'on lui a adressés. J'estime que pour l'honneur
de cette mémoire, je ne dois pas descendre à les rechercher
avec trop de soin. Je laisserai donc de côté tous les griefs
qui se rattachent aux questions de réduction de salaires et de
renvois d'ouvriers ; car c'est du passé de M. Watrin en dehors
de son rôle de représentant de la Compagnie, que j'ai voulu
vous parler. Mon très éminent confrère et mon maître, Léon
Renault, s'expliquera sur tous ces points dans l'ensemble de
sa plaidoirie.

Je veux seulement relever le reproche, le mensonge, qui
tend à faire considérer M. Watrin comme étant arrivé à Decazeville après avoir été chassé de partout par la haine des
ouvriers.

Deux enquêtes sérieuses ont été faites sur le caractère de
M. Watrin et sur la nature de ses relations avec les nombreux
ouvriers qu'il a employés, alors qu'il était attaché à l'usine
de Saint-Jacques où il est resté neuf ans, et à celle de Saint-
Montaud où il est resté trois années ; en tout, douze ans de sa vie.

J'ai lu attentivement les 41 dépositions recueillies dans ces
deux enquêtes. Tous les témoins entendus ont affirmé avec la
plus vive indignation et la plus grande énergie, que ce n'était
pas la haine des ouvriers qui l'avait obligé à quitter ces deux

usines; quelques-uns, mieux renseignés, ont précisé qu'à l'usine Saint-Jacques comme à l'usine Montaud, il avait eu avec ses supérieurs des difficultés sur des questions techniques, assez sérieuses pour que du moment où l'on ne partageait pas son avis il crut devoir se retirer.

Une de ces dépositions, du reste, résume d'une façon très nette l'ensemble des deux enquêtes, et elle a en plus cet intérêt qu'elle vient corroborer les indications que je vous ai fournies sur le caractère de M. Watrin, et en particulier sur la sympathie qu'il ressentait pour ceux à qui il faut tant d'efforts pour gagner si peu : pour les ouvriers.

Cette déposition est celle de M. Mesuret qui a été entendu dans le courant de février dernier par M. le Juge d'instruction de l'arrondissement de Montluçon, sous la foi du serment.

La voici :

Mesuret Charles, 41 ans, Directeur des mines de Saint Jacques, demeurant à Montluçon.

« J'ai connu M. Watrin lorsqu'il était ingénieur aux Forges
» de Saint-Jacques. En qualité de sous-ingénieur, j'ai été placé
» pendant deux ans sous ses ordres. M. Watrin n'a pas quitté
» l'usine chassé par la haine des ouvriers, mais par suite de
» défaut d'entente entre lui et le Directeur de l'usine sur des
» questions techniques. M. Watrin avait au contraire d'excel-
» lents rapports avec les ouvriers qu'il dirigeait. Il était pour
» eux très juste et très bienveillant, accueillant leurs récla-
» mations avec beaucoup de condescendance et leur portant un
» véritable intérêt. »

Écoutez cela, Messieurs :

« Il me répétait souvent qu'il fallait être bon pour les
» ouvriers et compatir aux difficultés de leur existence. Je
» n'ai jamais entendu les ouvriers se plaindre de lui. Son
» caractère était doux et bienveillant, comme le savent tous
» ceux qui l'ont connu à Montluçon. »

« Au mois de décembre dernier — ajoute M. Mesuret — j'ai
» reçu de M. Watrin une lettre dans laquelle il faisait allusion
» à la crise industrielle dont souffrait la Compagnie. Il me
» disait à peu près, en propres termes : Cette année nous
» n'avons fait que joindre les deux bouts, je ne sais comment
» nous allons marcher, il nous faut faire des renvois d'ou-
» vriers, des réductions de salaires, ce n'est véritablement pas
» gai. »

Il est triste d'être obligé de procéder, sur des ordres
donnés, à des réductions de salaires, à des renvois d'ouvriers ;
(et vous verrez sur quoi a porté la réduction reprochée des
salaires de Decazeville ; vous saurez, vous savez déjà que le
nombre d'ouvriers renvoyés a été insignifiant ;) oui, ce n'est
véritablement pas gai d'être forcé d'agir ainsi : — voilà pourtant
ce que pensait et ce qu'écrivait l'homme qu'on a voulu repré-
senter comme l'ennemi de l'ouvrier !

Elle est bien significative cette déposition, n'est-ce pas ?
Cette lettre, rappelée par M. Mesuret, écrite en décembre dernier, ne nous découvre-t-elle pas la nature même de M. Watrin ? Que puis-je y ajouter ? Vous parlerai-je des autres dépositions qui se rencontrent dans ces deux dossiers d'enquêtes ?
Elles se ressemblent toutes. Les unes disent que M. Watrin était
bienveillant ; les autres qu'il écoutait les réclamations. Il était
familier avec nous, dit un simple ouvrier puddleur de l'usine
Saint-Jacques. C'est toujours le même portrait — et c'est toujours le même éloge qui est fait de lui.

Dans l'enquête qui a porté sur le séjour de M. Watrin dans
l'usine de Saint-Montaud, parmi les nombreux témoins entendus,
il en est deux ou trois qui l'ont accusé d'avoir de sa propre autorité, réduit les salaires. J'ai voulu avoir l'explication de ce fait qui
n'a cependant rien de bien extraordinaire, car il est tristement
nécessaire dans certaines conditions données. Eh bien ! j'ai vu
en effet que, par une mesure de direction et d'administration

dont il était seul juge, il avait diminué le salaire des fondeurs pour augmenter celui des puddleurs, de telle sorte que ce qui faisait le mécontentement des uns faisait en même temps le contentement des autres. Cette satisfaction et ce mécontentement se traduisent parfaitement dans les dépositions, — et je ne vois vraiment pas quel parti on en pourrait tirer contre M. Watrin.

Un seul témoin a indiqué, dans cette dernière enquête, que M. Watrin était un peu raide de caractère : et encore a-t-il ajouté aussitôt : qu'il était juste, impartial et incapable de léser personne.

Il y a eu cependant, parmi ces dépositions, un témoignage qu'il est de mon devoir de relever. Un témoin. — son nom est indifférent — a cru pouvoir affirmer que « M. Watrin était un jésuite, parce qu'on le voyait quelquefois avec le curé et qu'il allait à la messe ». — Eh bien, oui ! Messieurs les jurés, M. Watrin allait à la messe ! — C'était pour lui, en même temps qu'une satisfaction de conscience, une petite manifestation toute simple et qui ne manque pas d'être assez touchante : car M. Watrin se disait qu'il lui appartenait de donner ainsi un exemple à l'ouvrier, et de lui démontrer que les devoirs de la religion pouvaient s'allier à la religion du devoir.

Non seulement on l'a appelé jésuite, mais le jour du crime, on lui a encore jeté à la face l'insulte de « Prussien ».

Prussien, lui ! —un homme deux fois Français, Français par le sang, Français par le choix ! car il faut que vous le sachiez —et j'ai eu le tort de ne pas vous l'avoir dit plus tôt : — après nos terribles désastres, dès qu'il le put et dans les premiers, M. Watrin, opta pour la nationalité française.

« Il y a de bons Prussiens, mais pas celui-là » —s'est écrié une voix. — Qui parlait ainsi ? C'est Blanc ; non pas Blanc l'accusé, mais Blanc, le secrétaire de la Chambre syndicale, l'étrange témoin que vous avez entendu. Ah ! il ne subit pas, celui-

là, le sublime et patriotique égarement de ceux qui croient
qu'il n'y a pas de bons Prussiens! Il veut qu'il y en ait de
bons : soit! mais moi je dis qu'il y a avant tout de bons et
d'excellents Français — et que M. Watrin était de ceux-là!

J'en aurai fini quand je vous aurai dit combien l'épouvantable mort de M. Watrin a causé de douleurs à tous les siens.
Après cet assassinat et jusqu'à ce moment, c'est-à-dire pendant
de longs mois, longs comme une agonie nouvelle qui nous était
infligée, à nous, la famille, — sa sœur, son frère, tous ceux
qui portent le nom de Watrin ont subi l'angoisse de l'attente!
Nous vous attendions, Messieurs les jurés, vous, les juges
souverains, pour vous crier : justice! pour vous dire : « ce
cadavre exploité, sans cesse ramassé dans son sang et déchiré
par des plumes criminelles, après l'avoir été par les ongles des
assassins, ou souillé par des reproches injustes et cruels, ren-
dez-le nous sans l'insulte et sans la boue : qu'on ne puisse plus
y toucher, — et que la mémoire de cet honnête homme, de
celui que nous pleurons, soit à tout jamais protégée par votre
verdict de rigueur et de justice! *(Vive sensation.)*

PLAIDOIRIE DE Mᴱ LÉON RENAULT

COUR D'ASSISES DE L'AVEYRON

LA GRÈVE DE DECAZEVILLE—ASSASSINAT DE M. WATRIN

AUDIENCES DES 15, 16, 17, 18, 19 ET 20 JUIN 1886

Plaidoirie de Me Léon RENAULT

(Pour la partie civile).

Me Léon Renault prend la parole en ces termes :

Messieurs de la Cour,
Messieurs les Jurés,

Je n'ai plus à vous faire connaître la victime! Une voix jeune, éloquente et convaincue vous a dit qui était M. Watrin. Elle a vengé sa mémoire en rappelant sa vie. Il ne me reste qu'à vous indiquer dans quelles conditions s'est accompli le crime; quelles mains ont frappé M. Watrin; quelles excitations ont amené ces mains à se lever et quelles défaillances ont permis à l'œuvre de mort de s'accomplir jusqu'au bout!

Je ne me présente ici, Messieurs, en auxiliaire ni de M. le Procureur général, ni de la défense. La plupart des points qu'ils auront à débattre sont et doivent demeurer étrangers à la tâche qui m'incombe.

3

Je n'ai pour cliente que la vérité. Je la dirai tout entière, telle qu'elle m'apparaît, sans me soucier de savoir à qui elle profitera.

Aussi, n'attendez pas de moi que je m'attache à répartir les responsabilités entre les hommes et les femmes qui sont sur ces bancs, sur la culpabilité de chacun desquels vous allez prononcer. Je laisse ce soin à M. le Procureur général.

Les causes, l'accomplissement successif et aussi l'exploitation odieuse du crime commis le 26 janvier 1886, à Decazeville, voilà ce que je me propose de mettre en pleine lumière.

Comment a commencé cette lamentable journée? Le 26 janvier au matin, à la mine de Palayret, quatre ouvriers excitent leurs camarades à interrompre le travail. Ils prétendent avoir des réclamations à élever, à raison de la façon dont leur salaire mensuel a été réglé par l'ingénieur. Vous connaissez leurs noms. Vous les avez entendus à titre de témoins. Ce sont Montferrand, Puech, Entraygues et Baldet.

Je n'ai pas à examiner, en ce moment, si leurs griefs étaient légitimes ou non. Tout à l'heure je vous démontrerai qu'ils étaient mal fondés, que la Compagnie n'avait manqué vis-à-vis d'eux à aucun engagement. Vous retiendrez ceci, c'est que quatre mineurs seulement se disaient lésés, — sur 250 ouvriers occupés à Palayret. Aucun d'eux ne s'était adressé à la Direction de la Société et ne l'avait préalablement saisie de ses réclamations. M. Watrin représentait cette Direction. Personne ne s'était présenté à lui pour lui demander justice contre les décisions de l'ingénieur de la mine.

Les quatre ouvriers mécontents trouvèrent bien vite des auxiliaires. D'autres mineurs se joignirent à eux : Souquières était du nombre! Puis, vinrent des gens n'ayant plus aucun lien avec la Compagnie, chassés par elle comme voleurs! Parmi ces derniers figurait Bedel, aujourd'hui assis, comme Souquières, sur le banc des accusés.

Après quelques hésitations, la masse des ouvriers céda aux instances et aux menaces des meneurs qui s'étaient placés en face des descenderies, et empêchaient l'accès des galeries. Palayret était en grève.

Cette grève resterait-elle partielle ? Devait-elle s'étendre à la concession tout entière de Decazeville ?

Au début, l'impression générale était qu'elle demeurerait partielle. En effet, aucune cause sérieuse de dissentiment n'existait entre les mineurs et la Compagnie. Rien ne motivait à Decazeville un de ces conflits qui, en amenant la suspension du travail, traînent à leur suite la misère pour les ouvriers et la ruine pour les concessionnaires de la mine.

On croyait, on devait croire que l'incident de Palayret n'aurait aucun rayonnement.

M. Watrin, tout le premier, était persuadé que cette étincelle ne se transformerait pas en foyer et n'allumerait aucun incendie destructeur.

Ces espérances furent déçues !

Les témoins vous ont dit ce qui advint ; comment une bande, dans laquelle se trouvaient réunis les éléments les plus disparates, partit de Palayret — conduite par Souquières et par Bedel, — et se rendit successivement aux puits de Combes et de Bourran ; comment, par la violence ou l'intimidation, elle entraîna la cessation du travail dans ces deux gîtes houillers.

La partie décisive de la grève s'est jouée à Bourran entre midi et une heure.

Je n'ai plus à vous dire par quelles menaces la bonne volonté de la plupart des ouvriers de Bourran se trouva paralysée. En levant la hache sur le câble, Souquières trancha la question. Toute descente dans la mine fut rendue impossible.

A partir de une heure de l'après-midi, aucune illusion n'était plus permise. Une grève générale, inattendue, sans cause appréciable, sans prétexte, sans objet défini, existait à Decazeville.

Quelles étaient les revendications des ouvriers? Personne ne les connaissait. Aucune réclamation n'avait été faite au Conseil d'Administration des forges et houillères de l'Aveyron. Nul fait ne s'était produit qui pût expliquer de la part des ouvriers un mouvement de brusque colère.

Cette grève éclatait en pleine obscurité; tout était confus dans son origine et dans les effets qu'elle allait produire.

M. Watrin, le sous-directeur, ne soupçonnait certainement ni d'où venait le coup ni qui il visait. Sa conduite au début de cette lamentable affaire, en est la preuve saisissante.

Cependant à peine la grève était-elle née que tout le monde eut l'instinct et le pressentiment que c'était contre M. Watrin que l'orage s'était formé, sur lui qu'il allait s'abattre.

De Decazeville jusqu'à Aubin, jusqu'à Rodez, des voix s'élevèrent pour dire :

« Cette grève aboutira à la mort de M. Watrin. Peut-être, » aussi, à la mort d'un autre! »

M. le sous-préfet Simon, — qui s'est montré si vaillant et si intelligent dans cette journée du 26 janvier 1886, et dont la conduite, bien différente de celle d'autres fonctionnaires mêlés au drame de Decazeville, a eu une vraie valeur morale, — vous a affirmé que le 25 janvier, la veille de la grève de Decazeville, causant avec le maire d'Aubin, M. Descrozailles, il avait entendu celui-ci lui dire que la concession d'Aubin était tranquille, que si une grève éclatait dans le bassin houiller ce serait à Decazeville et qu'alors les jours de M. Watrin seraient en grave danger.

A Rodez, une servante originaire de Decazeville, au premier bruit qu'une grève avait éclaté à Palayret, s'écriait : « Ah! M. Watrin est dans un grand péril! »

C'est qu'en effet, non seulement à Decazeville, mais dans toute la région qui l'avoisine circulait, depuis longtemps déjà, cette sinistre rumeur, que M. Watrin était condamné à mort.

De quelles haines, de quelles sourdes colères allait-il être victime? Nous allons bientôt le voir.

La conviction que la vie de M. Watrin était menacée devint si intense, que Girard un des employés de son service, crut devoir l'avertir du danger quelques jours avant le 26 janvier : « Vous demeurez loin du bureau central ! lui dit-il. » Le soir vous rentrez seul chez vous, laissez-moi vous accom- » pagner ! Il pourrait vous arriver quelque malheur! » La réponse de M. Watrin ne doit être oubliée par personne. Elle est empreinte de la tranquillité sereine d'une conscience irré- prochable : « Pourquoi voulez-vous qu'on me fasse du mal, à » moi qui n'ai jamais fait volontairement de mal à personne? » M. Watrin avait les touchantes illusions d'un honnête homme, qui n'avait jamais voulu et accompli que le bien. Confiance hélas, mal fondée!

Autour de lui, à son insu, s'était formée une coalition de haines implacables.

Contre lui, grondaient sourdement les fureurs et les rancunes des anciens entrepreneurs, autrefois intermédiaires entre les ouvriers et la Compagnie de Decazeville. Après avoir édifié des fortunes en dépouillant les ouvriers et en trompant la Compa- gnie, ils avaient été évincés en 1875, par M. Petitjean.

Profondément irrités d'avoir vu se tarir la source de leurs bénéfices, ils accusaient M. Watrin d'avoir contribué au main- tien de la décision prise par M. Petitjean.

A ces colères, s'était uni le mécontentement du petit com- merce de Decazeville, qui rendait M. Watrin responsable de la baisse des prix, à laquelle l'avait obligé le développement de la Société coopérative établie à Decazeville depuis 1880. Consti- tuée en vue de la fourniture du pain et de la boucherie, cette association paraissait devoir étendre bientôt ses opérations à d'autres denrées indispensables à la vie des ouvriers. Aussi le mécontentement de certains débitants tournait-il à l'exaspération.

Joignez-y les ressentiments que ne peut éviter une administration ayant à manier, à conduire, à payer, à récompenser ou à punir des milliers d'hommes, les rêves de vengeance des ouvriers renvoyés comme voleurs ou comme paresseux, cette sorte d'écume humaine que laisse dans son sillage la marche de toute grande entreprise industrielle.

Il y avait pour ces ferments si dangereux une pâte qu'il leur était aisé de gonfler. Elle était formée d'une masse d'ouvriers sérieux, honnêtes, mais faciles à tromper. Incapables de comprendre la gravité de la crise que traverse l'industrie des forges et houillères, ils n'admettaient pas aisément la nécessité de certaines diminutions dans les salaires et la légitimité de mesures, qui les intéressaient plus pourtant que les actionnaires de Decazeville : car elles n'avaient d'autre but que la conservation de leur travail et de leur pain quotidien.

M. Watrin allait être englouti sous ce flot de haine, de colère et d'ignorance. Quand dans la sérénité de sa conscience, il se contentait de dire : « Pourquoi me ferait-on du mal, à moi qui n'ai jamais fait volontairement du mal à personne, » il prêtait à la masse ouvrière une force de résistance qu'elle n'a malheureusement pas encore. Il croyait à l'influence prépondérante dans ses rangs, de l'instruction, de l'éducation, des mœurs publiques ! Il devançait le temps par optimisme, par haute estime pour le monde du travail.

M. Watrin comptait aussi sans une presse abominable et dont j'entends librement parler.

Depuis plusieurs mois il s'était établi entre Decazeville et certains journaux tels que *la Dépêche* et *le Petit Méridional* de singulières communications.

De Decazeville partaient contre la Compagnie et contre M. Watrin, des correspondances calomnieuses, accusatrices, faites pour troubler l'opinion des ouvriers, pour les inquiéter et les soulever.

Les journaux auxquels elles étaient adressées et qui les imprimaient, étaient envoyés par ballots à Decazeville et répandus partout. Ils allaient dans toutes les mains, ils tombaient sous tous les yeux.

Je n'abuserai pas, Messieurs, de votre patience en vous donnant lecture de toutes les infamies qui ont été ainsi mises en circulation dans Decazeville, en novembre, en décembre 1885 et dans les premiers jours de janvier 1886.

Je me bornerai à vous citer un seul passage de ces correspondances. Je l'extrais d'une lettre datée de Decazeville, adressée au *Petit Méridional*, insérée dans son numéro du 23 décembre 1885, et précédant ainsi d'un mois l'assassinat de M. Watrin :

Un grand nombre d'ouvriers, républicains dans l'âme, n'ont pas transigé avec leur conscience au 4 octobre et ont vaillamment fait leur devoir pour la cause démocratique. Cela n'a pas été naturellement du goût des administrateurs; on a renvoyé de certains chantiers les plus compromis, c'est-à-dire ceux qui avaient manifesté au grand jour leurs opinions républicaines.

Pour punir les autres, les grands chefs de l'administration des mines ont convoqué le conseil des commissaires des caisses de secours, et lui ont suggéré de porter de 2 fr. 50 c. à 3 francs pour cent, la retenue infligée aux ouvriers et de faire payer à ceux-ci 0 fr. 20 c. de plus par franc, les médicaments qu'ils prendraient à la pharmacie. Mais les ouvriers mandataires de leurs camarades n'ont pas voulu subir l'influence des gros bonnets des mines, et malgré la pression exercée par un certain Watrin, un Prussien qui a le titre de sous-directeur, ils ont bravement rejeté l'idée de leurs exploiteurs.

En agissant ainsi, ils ont fait leur devoir et bien mérité de leurs camarades. En présence du marasme actuel des affaires et de la crise ouvrière que nous traversons, il est bon de prouver à ceux qui s'intitulent nos maîtres, qu'ils ont devant eux des hommes libres et non des esclaves.

Cette qualification de « Prussien » qui allait accompagner

M. Watrin pendant toute son agonie du 26 janvier 1886, et qui devait en aviver les amertumes et les souffrances, la voici en décembre 1885, dans une correspondance envoyée de Decazeville, pour revenir à Decazeville.

Cette calomnie destinée à éveiller les ombrageuses défiances de la population et à les tourner en colères, cette imputation que M. Watrin en provoquant le renvoi de certains ouvriers avait voulu châtier l'indépendance républicaine de leurs opinions, ce mensonge qui est venu jusqu'à vos audiences, je les saisis, je les dénonce, je les flétris dans cette lettre du 23 décembre 1885.

La qualification de Prussien, vous savez par ce que vous a dit mon jeune et éloquent confrère, Me Aubin, combien peu elle était méritée ? Vous savez si jamais homme eut plus de droit au titre de bon français et s'est rattaché à notre patrie par des liens plus solides, que M. Watrin, trois fois français ; français par la naissance ; français par l'option ; français jusqu'à l'entier oubli de ses intérêts personnels. Car, bien que sans fortune, il a refusé les situations brillantes qui lui étaient offertes en Lorraine et en Alsace, ne pouvant se résigner à vivre sur une terre jadis française, aujourd'hui hélas ! étrangère.

Mais revenons, Messieurs, à cette journée du 26 janvier 1886. La matinée vous est connue. A une heure la grève était généralisée : elle restait sans programme ; une seule pensée flottait autour d'elle : pensée de vengeance et de haine contre M. Watrin. Le seul manifeste de la grève, c'étaient les affiches menaçantes apposées plusieurs mois auparavant sur les murs de Decazeville : « Watrin est condamné, mort à Watrin ! »

M. Watrin, ne croyant pas au danger pour lui-même, ne voyant pas grossir le torrent de fureur aveugle et injuste qui déjà l'enveloppait, avait quitté sa maison après son déjeuner, un peu plus tôt que d'ordinaire, et se dirigeait seul vers le grand bureau de la Compagnie.

Pour que vous puissiez vous rendre bien compte de ce qui s'est passé à ce moment, il faut vous reporter au plan qui vous a été remis. Il vous montrera la disposition des lieux. Ici se trouve la forge. Là, à 150 mètres environ de la forge, est le grand bureau. Un peu plus loin, un sentier s'élève avec une pente très rapide et monte à la place du duc Decazes. Il est dominé par cette place, où est située la Mairie.

Pendant que M. Watrin franchissait à pied l'espace assez court qui sépare la forge du bureau, un homme s'approche de lui ! C'est Bedel qui, depuis le matin, a été l'artisan principal de la grève ! Bedel, qui était à Palayret, qui était à Combes, qui était à Bourran ! empêchant par ses menaces, par ses voies de fait la reprise du travail. Il s'approche du sous-directeur, et formule je ne sais quelle prétention. M. Watrin lui dit : « Si vous avez quelques réclamations à m'adresser, » suivez-moi à mon bureau, je m'y rends. » Il avait en effet l'habitude de recevoir tout le monde; sa porte n'était jamais fermée pour aucun ouvrier. Il écoutait toutes les observations ! On entrait chez lui sans frapper, ni attendre. On pouvait venir à lui, comme on va au droit, à la justice, à la bienveillance !

Bedel à ce moment, se retourne. A une certaine distance, près de la forge, se tenait une troupe de trente individus environ ! C'était sa bande, celle qui l'accompagnait depuis le matin. Il appelle ces hommes à lui ! Ils ont une sorte d'hésitation au seuil du forfait que Bedel prépare, où il veut les avoir comme complices.

C'est bien le seuil du crime que Bedel veut leur faire franchir : car l'assassinat consommé « au Grand plateau des Bois » vers six heures du soir, il a commencé à s'accomplir à une heure, au bureau de M. Watrin. Le drame est né là. Il s'est développé pendant cinq heures !

Les hommes de Bedel restent immobiles ! La conscience

humaine a de ces brusques arrêts à l'idée du sang à verser, même chez les plus pervers et les plus égarés.

« Lâches! leur crie Bedel. Il est là! Et vous n'osez pas vous » approcher? Si vous ne voulez pas lui parler, au moins, » saisissez-le! Emparez-vous de lui!! »

Ainsi interpellée, la bande s'avance! Bedel pénètre dans la maison!!

Il y eut une seconde halte de ces hommes. Ils n'entraient pas; ils restaient arrêtés devant la porte. Il fallut une nouvelle et plus violente interpellation de Bedel pour les décider à le suivre!!

Il y a un témoin, Mlle Girard, qui a décrit cette scène! Elle a tout constaté, tout vu, tout entendu! Sa déposition est écrasante pour Bedel; elle est décisive contre lui.

Les hommes de Bedel sont derrière lui dans l'escalier, bientôt dans le cabinet de M. Watrin. A côté de Bedel est venu se placer Blanc dit Bessinet, l'un des accusés.

Que s'est-il passé dans le cabinet du sous-directeur?

Blanc et Bedel se mirent en face de M. Watrin occupé à écrire une lettre. Celui-ci s'interrompit aussitôt. Entre la table à écrire et la porte, s'entassèrent les gens entraînés par Blanc et Bedel. Un grand espace resta vide de l'autre côté de la table.

Sur le seuil, se tenaient les témoins Girard et Houzet. Ils ont de là suivi les actes, les mouvements de chacun. Ils ont entendu Blanc et Bedel haranguant et finissant par menacer M. Watrin.

Ils ont vu Bedel tourner autour du bureau, passer derrière la chaise où était assis M. Watrin, saisir cette chaise comme s'il voulait l'enlever et sommer M. Watrin de venir à la Mairie.

M. Watrin examina la situation avec calme et résolution. Ne pouvant matériellement résister aux violences dont il était menacé, il crut que mieux valait les éviter, en cédant. Il se déclara prêt à se rendre à la Mairie.

Comment n'eût-il pas été convaincu qu'il rencontrerait là une efficace protection et que, nulle part, il ne pourrait se trouver mieux défendu qu'auprès du Maire, représentant à la fois la population et le gouvernement, investi de l'autorité morale que confère l'élection et armé du droit de requérir la force publique.

M. Watrin annonça donc à Blanc et à Bedel, qu'il allait les accompagner à la Mairie.

M. Girard lui demanda la permission de venir avec lui.

« Non, dit-il, à ce fidèle employé ! C'est une chose inutile ! » Je vais à la Mairie. Une fois là, je ne puis plus avoir rien à » redouter. »

M. Watrin avait compté sans les défaillances dont sont capables des hommes qui laissés à eux-mêmes ne feraient pas volontairement le mal, mais qui dominés par la préoccupation et la recherche d'une malsaine popularité, sont capables de devenir les complices inconscients de tous les crimes.

A peine M. Watrin avait-il fait quelques pas en dehors du grand bureau, que Bedel et Blanc se placèrent l'un à sa droite, l'autre à sa gauche. Leur bande suivait, grossie par des gens descendus de la place du duc Decazes.

C'est avec cette escorte, dans laquelle figuraient des individus armés de gourdins, de cordes, de lampes de mineurs, que se fit la montée du sentier conduisant à la place du duc Decazes.

Quel chemin de la Croix pour l'infortuné sous-directeur !

La foule massée sur la place dominait le chemin. Hommes, femmes et enfants injuriaient celui dont ils allaient faire leur victime.

Des cris de mort se faisaient entendre : « A l'eau ! au bassin ! à mort le Prussien !! Enfin, Messieurs, une main restée inconnue, ramassant de la boue, la jetait sur le cou de M. Watrin.

M. Watrin et la bande dont il était le prisonnier arrivèrent ainsi sur la place du duc Decazes.

Là entrent en scène MM. Chabaud et Verzat... ces deux jeunes ingénieurs, — qui ont si vaillamment agi et dont la conduite a été tout simplement héroïque! — Personne ne les a félicités à la suite de leur déposition !.. Mais, j'en ai la conviction, vos consciences leur ont rendu un respectueux hommage. Tous les honnêtes gens les remercient du fond de leur cœur pour ce qu'ils ont fait dans cette lugubre journée du 26 janvier.

Ils se glissèrent aux côtés de M. Watrin, non sans difficulté, l'accompagnèrent jusqu'à la Mairie et y entrèrent avec lui.

Bedel, ses hommes, la foule, se précipitèrent à leur suite dans la salle de la Justice de paix située au rez-de-chaussée de la Mairie. M. Watrin alla s'asseoir au fond de la salle. MM. Chabaud et Verzat se tinrent tout près de lui. Un employé de la Compagnie, M. Boisset, et M. Lemonier, chef de fabrication aux forges de Decazeville, ne tardèrent pas à les rejoindre.

Au moment où M. Chabaud, violemment séparé de M. Watrin dans le tumulte et les heurts de l'entrée, luttait pour pénétrer dans la salle, un incident bien caractéristique s'était produit. M. Chabaud se vit interpeller par un individu... qui est venu ici déposer comme témoin. C'était *Blanc*, non pas *Blanc dit Bessinet*, l'accusé, mais *Blanc* le secrétaire de la Chambre syndicale de Decazeville! !

« Pourquoi voulez-vous entrer? » — cria-t-il à M. Chabaud, — « il vaut mieux pour vous que vous ne soyez pas ici. »

Blanc prononçait ces paroles de sinistre augure dès 1 h. 1/4...

M. le maire Cayrade arriva bientôt. Il était accompagné de quelques conseillers municipaux. Il prit place sur l'estrade, dans le fauteuil du juge de paix. Des réclamations plus ou moins tumultueuses s'élevèrent aussitôt de divers côtés, en même temps que des injures et des menaces contre M. Watrin retentissaient dans la salle et sur la place.

M. Cayrade dit à la foule :

« M. Watrin ne peut pas discuter vos griefs dans les con-
» ditions où vous les formulez ! Retirez-vous et nommez des
» délégués que vous chargerez de vos intérêts ! »

Blanc, le secrétaire de la Chambre syndicale, celui qui avait voulu détourner M. Chabaud de suivre M. Watrin, lui répondit en offrant d'indiquer de suite ce que voulaient les ouvriers :

1° Fixation à 5 francs du prix minimum de la journée du mineur;

2° Élévation à 3 fr. 75 c., du salaire minimum des manœuvres;

3° Démission de M. Watrin.

Blanc ne s'en tint pas là. Il se répandit en accusations contre M. Watrin, et faisant écho aux cris de ceux qui traitaient M. Watrin de Prussien !...

« Il y a de bons Prussiens, dit-il, mais celui-ci n'en est pas un ! »

Un instant après, quand sur les instances du maire, il fut entendu que les assistants se retireraient pour nommer des délégués, Blanc proféra ces mots, véritable provocation à l'assassinat :

« Nous allons nous retirer pour établir le programme de
» nos revendications... Quant à celui-ci — et il montrait
» M. Watrin à la foule, — nous vous l'abandonnons!!! »

En même temps, Bedel s'approchant de M. Cayrade, lui
» disait: « Remettez-nous M. Watrin... que nous lui fassions faire une promenade !! »

« Une promenade », Messieurs... au milieu de cette émeute où l'on hurlait : « A l'eau! au bassin! à mort ! » c'était l'assassinat certain, immédiat.

Que d'avertissements pour le maire de Decazeville, s'il n'eût pas été décidé à ne rien voir, à ne rien entendre, à ne rien comprendre !

Non seulement M. Watrin et les deux ingénieurs qui l'accompagnaient étaient les prisonniers de la populace qui cernait la Mairie, mais encore M. Cayrade et ses conseillers n'étaient plus que des otages, garants vis-à-vis d'elle de la garde de ses prisonniers.

La déposition de M. le commissaire de police de Decazeville sur ce point, a été nette et précise. Il vous a dit : « A partir » de ce moment, nous répondions de M. Watrin ! s'il s'était échappé, nous aurions été massacrés ! » Il a ajouté un détail saisissant. M. Verzat avait été chargé par M. Watrin de se rendre à son bureau pour expédier une dépêche à la Compagnie. Il s'était éloigné de la Mairie pendant environ une demi-heure. Quelques individus, qui s'étaient aperçus de son absence, dirent au commissaire de police : « Si M. Verzat ne revient pas, vous paierez pour lui ! »

On était dans une situation sur laquelle personne ne pouvait se tromper, sur la gravité de laquelle le maire de Decazeville ne pouvait se faire la moindre illusion !

Sur la place, une foule menaçante; dans la Mairie, des prisonniers... et des otages qui répondaient de ces prisonniers à la foule ! voilà où les choses en étaient venues à 2 heures 1/2.

Étaient-elles cependant désespérées? Non; car à Decazeville il y avait, le 26 janvier, un homme de ferme courage et de bon sens, le maréchal des logis de gendarmerie Rameau. Installé dans le pays depuis plusieurs années, il connaît à fond la population à laquelle il a appris le respect de l'uniforme qu'il porte. Il sait que cet uniforme peut en imposer, non pas seulement à un ivrogne, comme Lescure, mais encore à une foule surexcitée.

Le maréchal des logis Rameau se tenait à sa caserne depuis le matin. Dès la première nouvelle de la grève, inquiet de la façon dont elle pouvait tourner, il était allé trouver M. le maire de Decazeville et lui avait dit : « Je considère la situation comme très-grave... et je tiendrai ma brigade réunie et prête à agir pendant toute la journée. »

« Je vous appellerai, lui avait répondu M. Cayrade, si cela est nécessaire ; attendez mes ordres. »

Aucune réquisition n'était cependant adressée au maréchal des logis Rameau. Il s'en étonnait ; car il était au courant de tout ce qui se passait. Il avait appris comment M. Watrin avait été arraché de son bureau et dans quelles conditions il avait été amené à la Mairie. L'écho était venu à lui de ces cris de mort qui s'échappaient de la foule !

Convaincu qu'il y avait là une de ces situations pleines de périls où l'intervention de la force publique est nécessaire, où il faut qu'elle apparaisse à côté de ceux qui représentent l'autorité, le maréchal des logis Rameau prit sur lui d'envoyer à la Mairie les gendarmes Rech et Albertini. Ils arrivèrent sans obstacle jusqu'à la salle de la justice de paix : mais là ils ne purent pas même ouvrir la bouche. Le maire de Decazeville les renvoya. Dans quels termes ? Leur a-t-il dit, comme l'assure un des témoins : « Retirez-vous ! » avec un ton et un geste impérieux ne permettant aucune observation ? A-t-il employé, au contraire, l'expression rapportée par les gendarmes ? Leur a-t-il crié : « Foutez-moi le camp ? »

S'il me fallait choisir entre les deux versions, je m'attacherais de préférence à celle que les deux gendarmes ont consignée immédiatement dans leur procès-verbal, qu'ils ont donnée à leur chef quand ils sont rentrés à la caserne, tout confus. Mais que m'importe que le renvoi des gendarmes ait été grossier ou simplement injurieux ?

Est-ce qu'il ne me suffit pas de retenir, qu'à deux heures et demie, quand la volonté du meurtre était déjà précisée dans la foule, quand elle s'affirmait par ses cris, son attitude, les propos de ses meneurs, le maire qui ne conduisait plus la multitude mais marchait à sa remorque, n'avait qu'un souci : se faire acclamer par des gens assoifés de sang en repoussant ceux qui s'offraient pour détourner leurs bras déjà levés.

Plus tard, à la dernière heure, quand M. le maire Cayrade a couvert de son corps contre cette foule en délire la victime qu'il lui avait réservée, il a dû se sentir singulièrement troublé par le souvenir des applaudissements qu'elle lui avait prodigués au moment où il chassait les gendarmes.

Quel spectacle, dans toute cette journée du 26 janvier, que cet éloignement de la force publique, érigé en système par l'autorité municipale !

Ce parti pris d'écarter toute intervention protectrice de la victime a éclaté à chaque incident, à chaque heure de ce drame.

Est-ce inintelligence, fatalité, résolution délibérée ?

Le fait, en tout cas, est si étrange que la conscience publique doit s'en préoccuper et s'en émouvoir.

Ce n'est pas seulement en effet à deux heures et demie que le concours de la gendarmerie a été refusé.

Les événements se précipitent, s'accentuent, s'aggravent pendant les quatre heures qui suivent; la force publique continue à être éloignée des lieux où son action aurait pu être si utile.

La déposition de M. le sous-préfet Simon jette d'étranges et d'inquiétantes lueurs sur cette partie de la cause.

Lui, qui n'avait jamais mis les pieds à Decazeville, qui ne le connaissait que de nom, avait de loin deviné la grandeur du péril. Bien que nouveau venu dans l'arrondissement de Villefranche, sans relations avec Decazeville, d'après les seuls propos entendus à Aubin, il avait eu l'instinct qu'une grande énergie s'imposait aux autorités publiques. Il avait demandé immédiatement par dépêche, qu'on concentrât à Decazeville les brigades

de gendarmerie des environs. Que lui répondait-on de Rodez :
« Toute concentration de brigades est inutile ; les avis que
nous recevons de Decazeville nous prouvent que cette mesure
ne serait justifiée par rien !!! ». Qui donnait de tels avis au
préfet de l'Aveyron ? Qui le trompait, si ce n'est M. Cayrade ?

Ce n'est pas tout.

Quand M. le sous-préfet Simon, venu par hasard sur le plateau des Bois à cinq heures un quart, réclame un homme
de bonne volonté qu'il puisse charger de porter au télégraphe
une dépêche appelant des troupes et au capitaine de gendarmerie
l'ordre d'accourir avec tous les hommes dont il dispose, quel
est le messager que lui indique M. Cayrade : c'est M. Establié,
conseiller municipal ; et celui-ci est à ce point troublé ou
inintelligent, qu'il n'exécute que la première partie de la com-
mission, celle qui a trait à la dépêche destinée à M. le Préfet
de l'Aveyron et qu'il oublie la seconde, la plus pressante, l'aver-
tissement à donner aux gendarmes d'accourir au plateau des
Bois.

Il y a plus encore, Messieurs.

Deux magistrats, M. le Procureur de la République et
M. le Juge d'instruction sont arrivés à Decazeville vers quatre
heures de l'après-midi en même temps que le Sous-Préfet.
Leur présence sur le lieu du drame est indispensable, urgente.

Le suppléant du juge de paix, le greffier de la justice de
paix qui sont allés au-devant d'eux à la gare, leur disent-ils :
« Accourez, il se passe des événements graves à la Mairie,
au plateau des Bois... » Bien loin de là, ils les rassurent et c'est
le hasard d'une promenade qui va les amener, eux aussi, sur
ce plateau des Bois où doit s'achever l'assassinat dont je fais
ici l'histoire.

Est-ce que tout cela n'est pas étrange, abominable ?

Mais revenons à la mairie de Decazeville, à l'instant du
renvoi brutal ou grossier des deux gendarmes Rech et Alber-

lini. Les délégués sont allés arrêter le programme des revendications ouvrières, ou plutôt chercher le café sur la table duquel ils devaient l'écrire. Il ne s'agissait à vrai dire, en effet, que de consigner sur un chiffon de papier les prétentions que Blanc, après avoir injurié M. Watrin, avait formulées devant M. Cayrade.

Les délégués reviennent, leur œuvre faite, dans la salle de la justice de paix. Cette salle est encombrée; le maire invite les délégués à monter au premier étage dans le local affecté aux délibérations du Conseil municipal. M. Watrin, les ingénieurs, les adjoints et les membres du Conseil municipal suivent le maire et les délégués.

M. Cayrade prend la présidence; il désigne comme assesseurs un des adjoints et aussi (je le dis à sa honte) ce Blanc, ce misérable qui avait qualifié M. Watrin de « mauvais Prussien » et qui, moins d'une heure auparavant, avait dit à la foule en lui désignant M. Watrin : « Pour celui-là, je vous l'abandonne. »

Paroles regrettables, a-t-on dit; moi, je le dis très haut : paroles criminelles qui font de ce Blanc un complice de l'assassinat.

C'est devant un tel bureau qu'on ouvrît la discussion sur les questions posées par Blanc et les délégués.

M. Watrin resta, dans ce simulacre de délibération, admirable de présence d'esprit et de courage, comme il l'avait été dès le début, comme il l'est resté jusqu'au bout.

Il écouta impassible la lecture du *factum* rédigé par Blanc.

Vous connaissez cette œuvre d'insanité. Ses auteurs demandaient un salaire fixe pour l'ouvrier mineur et le manœuvre : 5 francs pour l'un, 3 fr. 50 pour l'autre; la réduction de la journée de travail à 8 heures; certaines modifications dans le mode de paiement du boisage; la réadmission des ouvriers expulsés par la Compagnie à la suite de la grève de 1868, enfin et surtout, la démission de M. Watrin.

A ces réclamations absurdes et odieuses, ils en avaient joint une autre plus raisonnable : le paiement à la quinzaine du salaire des ouvriers.

M. Watrin déclara tout de suite qu'il n'avait pas qualité pour trancher les questions ainsi soulevées, qu'il ne voulait tromper personne et que ce serait tromper les mineurs que de leur laisser croire qu'il avait le droit de leur accorder les satisfactions qu'ils réclamaient.

« Il s'agit, dit-il, des intérêts essentiels de la Compagnie. M. Petitjean, l'administrateur-délégué, doit revenir demain; c'est avec lui que les délégués pourront négocier utilement. »

Sur un seul point, le paiement par quinzaine, M. Watrin déclara qu'il se croyait autorisé à promettre l'acceptation de la Compagnie.

Quant à sa démission, il répondit qu'il ne lui était même pas permis d'en traiter avec les délégués, qu'il tenait son mandat de sous-directeur de la confiance de la Compagnie et qu'il ne pouvait s'en démettre qu'entre ses mains si elle voulait l'en décharger.

Il y a dans la sincérité, l'honnêteté et la droiture un accent si convaincant, qu'à l'exception de Blanc, l'assesseur choisi par M. Cayrade, tous les délégués comprirent l'impossibilité d'insister. Il fut entendu qu'on remettrait au lendemain trois heures, après l'arrivée de M. Petitjean, la suite de la délibération.

On en était là lorsqu'entra M. Laur, ingénieur en chef des mines. Venu de Rodez, envoyé par le Préfet, il avait traversé la foule pour accéder à la mairie. Elle ne lui avait pas paru menaçante.

Il y a, en effet, dans les multitudes des états successifs.

Leur silence précède quelquefois de bien peu les explosions de leur fureur ; ce sont des accalmies avant les tempêtes.

M. Laur crut bon et utile de chercher un dérivatif à la situation en présence de laquelle on se trouvait.

Représentant de l'État, il avait, dit-il, en présence d'une grève comme celle qui venait d'éclater, le devoir de prendre les précautions nécessaires pour la conservation du gîte houiller. Il invita, en conséquence, les délégués à venir avec lui visiter les mines. Il fut entendu qu'on commencerait par Bourran.

Dans la pensée de M. Laur, cette visite des mines n'était évidemment qu'un expédient pour détourner les passions populaires. Il était 4 heures du soir : le bon sens indiquait qu'à cette heure d'un jour d'hiver, on ne pouvait entreprendre utilement l'exploration d'une mine comme celle de Bourran. — M. Laur était, hélas ! bien loin de prévoir les funestes suites que la réalisation du plan ainsi imaginé par lui allait entraîner. Cependant, avant de quitter la Mairie, il s'approcha instinctivement de la fenêtre afin de se rendre compte des dispositions de la foule. Il vous a dit combien l'attitude de celle-ci lui avait paru changée ! Elle avait l'instinct que sa proie allait lui être amenée : elle hurlait en flairant le sang.

M. Laur fut si effrayé, qu'il supplia M. Watrin de ne pas l'accompagner à Bourran. Celui-ci lui répondit simplement : que cela était impossible, que l'ingénieur de l'État visitant les mines avec les délégués des mineurs, la Compagnie devait avoir auprès de lui son représentant, que c'était au sous-directeur qu'incombait le devoir d'accompagner l'ingénieur de l'État en l'absence de M. Petitjean, et que ce devoir était de ceux qui ne peuvent être désertés !

M. Cayrade, de son côté, eut, en face de cette résolution de M. Watrin, le pressentiment de ce qui allait arriver ! Il dit, en effet, à M. Laur : « M. Watrin veut venir ! surtout ne le » quittez pas ! »

Il a vainement tenté de soutenir que ce langage n'indiquait, de sa part, aucune appréhension ! Pourquoi contester le sens de ces paroles alors qu'il est démontré que M. Cayrade, quelques instants après, disait à M. Laur : « Si vous allez à » Bourran, M. Watrin y sera massacré ! »

L'imminence du péril était donc évidente pour tous. Il apparut dès qu'on sortit de la Mairie.

M. Watrin était en tête avec MM. Verzat, Chabaud et Lemonier ; à ses côtés marchaient M. Laur, puis les délégués... qui se sont comportés, je me plais à le dire, en braves gens. Blanc, le secrétaire de la Chambre syndicale, s'était lui, éclipsé. — Watrin était abandonné à la foule. — Blanc ne songeait plus qu'à éviter de se trouver compromis dans le crime qu'il avait provoqué. M. Cayrade, ses adjoints et ses conseillers municipaux, formaient la queue du cortège.

Tout ce monde s'engagea sur la route de Bourran au milieu des huées d'une population menaçante qui criait de rechef : « A l'eau ! Au bassin ! A mort le Prussien ! »

On arriva dans ces conditions jusqu'à l'extrémité de la place du Duc-Decazes, près d'un enclos qu'on appelle « le Plateau des Bois ». Cet enclos a deux portes : l'une, voisine de la place du Duc-Decazes ; l'autre, plus éloignée, sur la route de Bourran ; c'est par celle-ci qu'entrent les marchandises transportées sur des wagonnets.

M. Laur crut indispensable de pénétrer sur « le Plateau des Bois ». Il y avait là une palissade qui pourrait peut-être arrêter la foule. C'était ne pas compter avec les ferments qui y étaient répandus, avec l'espèce de soif de sang qui la tourmentait.

C'est en vain qu'on ferma la barrière du Plateau des Bois après que M. Watrin y eût été entraîné. La palissade fut vite renversée. En même temps une troupe de gens courant sur la route de Bourran, gagnant de vitesse M. Watrin et sa suite et entrant par l'autre porte, s'avança à leur rencontre. Ils étaient ainsi pris entre deux courants furieux. On a prétendu qu'en entrant sur le Plateau des Bois, M. Watrin se serait tourné vers les ouvriers pour les narguer et leur aurait crié : « Maintenant je ne crains plus rien, je suis chez moi. » C'est un mensonge et une bêtise. Carrier, un des délégués, vous a déclaré au contraire qu'un instant avant d'entrer dans l'enclos palissadé, M. Watrin lui avait dit : « Surtout ne me quittez pas !... » Ce qui signifiait protégez-moi !

Cette parole de défi, attribuée à M. Watrin, n'aurait pu en tout cas arriver à la foule et l'irriter, puisque nul de ceux qui étaient aux côtés de M. Watrin n'en a le souvenir et qu'un seul témoin parmi les personnes qui l'entouraient croit l'avoir entendue.

Laissons tout cela ! Il n'y a pas de circonstances atténuantes pour le crime qui allait ensanglanter le Plateau des Bois.

M. Watrin était donc placé entre deux flots humains, également menaçants, entre deux foules qui se ruaient contre lui. Il eut la pensée de chercher pour s'y soustraire un abri momentané dans les bâtiments qui servaient autrefois de bureaux. Il poussa jusqu'à un logis situé à l'extrémité des constructions. Il était fermé. Au centre se trouvait une porte ouvrant sur un escalier. M. Watrin et les deux ingénieurs Verzat et Chabaud le gravirent et se réfugièrent au premier étage.

M. le maire de Decazeville, M. Laur, M. Lemonier, les délégués et quelques personnes de bonne volonté prirent position au pied de l'escalier, qui est très étroit. Ils espéraient opposer là une barrière à la foule. M. Cayrade comptait, en outre, sur le prestige qui s'attache aux fonctions municipales. Il ignorait qu'on ne garde plus aucune autorité sur une population, lorsqu'on a consenti à devenir le très humble serviteur de ses passions ! !

M. Watrin et les deux ingénieurs erraient au 1ᵉʳ étage, cherchant où ils pourraient s'abriter. Au fond du couloir, il

y avait une pièce assez vaste, avec deux fenêtres et une cheminée où brûlait un grand feu. Sur le couloir, deux autres pièces
s'ouvraient : l'une, près de l'entrée ; la seconde, intermédiaire.

M. Watrin et les deux ingénieurs se réfugièrent, d'abord,
dans la pièce du fond. Mais, s'apercevant que la porte n'avait
pas de serrure, ils estimèrent qu'ils feraient mieux de se placer
dans la pièce du milieu qui pouvait se fermer ; ils s'y tinrent
cachés, de façon à ne pas se faire voir de la foule massée en
dehors du bâtiment.

Ils restèrent là pendant un certain temps !

Cependant, sur le Plateau, les groupes s'agitaient. Des
pressions étaient exercées sur les personnes qui gardaient le
bas de l'escalier. M. Laur vous a dit : que ces poussées
semblaient organisées par des agents répandus dans la foule.
Ils procédaient par des efforts successifs combinés de façon à
vaincre la résistance qu'on leur opposait.

A ce moment, en effet, se trouvaient réunis au Plateau des
Bois des gens bien résolus à pousser jusqu'à son entière réalisation le crime qui flottait, à l'idée de rêve abominable sur
cette population ameutée !

Il y avait là Bedel qui, après avoir interrompu le travail de
la forge en compagnie de Caussanel, était monté sur le Plateau ! — Il y avait là Blanc, dit Bessinet, Souquières, la
femme Pendaries, la fille Phalip, Chapsal, Garnier, Lescure.
tous les accusés. Ils venaient achever leur œuvre..., prendre
leur part dans la besogne sanglante en vue de laquelle ils
avaient organisé cette sédition. — Ils étaient au bas de l'escalier,
massés devant la porte du bâtiment.

Des échelles se dressèrent, et les assaillants péné-
trèrent à la fois par l'une des fenêtres et par la porte
enfin forcée dans le couloir du 1er étage. Ils coururent
d'abord à la pièce du fond qu'avait occupée un instant M. Watrin. Elle était vide. Cette foule en délire s'imagina que

M. Watrin et les deux ingénieurs étaient dans la première pièce du couloir. Elle en enfonça la porte. Alors M. Watrin, comprenant que la clôture de la chambre où il se trouvait allait être brisée à son tour, dit à M. Chabaud : « A quoi bon résister? ouvrez ! » M. Chabaud obéit. Il se trouvait ainsi placé derrière le battant de la porte. M. Watrin lui faisait face et M. Verzat était de l'autre côté.

Un homme se précipite : C'était Lescure !

Il avait à la main une embarre, — instrument formidable. Il frappe M. Watrin d'un coup au milieu du front. M. Watrin tombe et va s'affaisser contre un meuble. M. Chabaud sortant de derrière la porte, Lescure lui lance un coup moins bien asséné qui l'atteint légèrement au front. — Apercevant M. Verzat plus éloigné de lui, il lui jette son embarre à la tête. M. Verzat l'esquive. Il s'empare de l'embarre tombée à terre et la cache dans un endroit où on l'a retrouvée.

Lescure, après de persistantes dénégations, a avoué dans son interrogatoire le coup d'embarre porté à M. Watrin ; mais il soutient qu'il n'a pas blessé M. Chabaud, qu'il n'a pas cherché à frapper M. Verzat. Protestation bien inutile, car le récit de MM. Chabaud et Verzat est d'une précision qui ne laisse place à aucun doute.

Lescure s'enfuit. Au fond de la salle M. Watrin, tout étourdi, est soutenu par MM. Chabaud et Verzat. Sur le seuil de la porte restée ouverte un autre individu apparaît. C'est Blanc, dit Bessinet. Il balance le panneau brisé de la porte de la première pièce du couloir et il le lance dans la direction de M. Watrin. Le panneau n'atteint personne.

Après ce commencement de meurtre, les assaillants s'éloignent, le couloir se vide.

M. Chauveau, l'adjoint de M. Cayrade, rencontre à la porte de la pièce où saigne l'affreuse blessure de M. Watrin, Lescure et Blanc, les deux misérables associés dans cette tentative d'assassinat.

Que fait Chauveau ?

Il a en face de lui deux assassins.

Ils viennent de frapper un homme à qui ils n'avaient aucun reproche à adresser, qui était le bienfaiteur de l'un d'eux. Eh bien, ce Chauveau, adjoint au maire de Decazeville, trouve tout naturel de les emmener, les mains teintes encore du sang de M. Watrin, boire des petits verres à l'auberge voisine !

A ce moment, la foule semble s'apaiser :

M. le sous-préfet Simon, qui vient d'arriver, s'imagine lui, qui ignore tout ce qui s'est passé au 1er étage et à qui on a laissé ignorer la blessure de M. Watrin, que c'est sa parole honnête qui agit sur l'émeute !...

Non ! ce qui agit sur elle, ce sont ces mots féroces que lui ont jetés Lescure et Blanc : « Il en tient assez pour son compte », ce propos qui va de bouche en bouche : « son sang coule à flots ».

La multitude qui croit que l'œuvre de mort est accomplie, paraît disposée à se disperser.

M. Cayrade, lui, que fait-il à cette heure décisive ?

Il est maire ! Il est officier de police judiciaire !... Il est aussi médecin. Il y a du sacerdoce dans l'exercice de la médecine. Toutes les blessures, quel que soit celui qui les a reçues, quel que soit celui qui les a causées, appartiennent au médecin ; son devoir est d'aller à la blessure comme le soldat marche à l'ennemi.

M. Cayrade, il n'est pas hélas ! plus digne du titre de médecin que de celui de maire, de celui d'auxiliaire de la justice.

Il entre dans la pièce où M. Watrin blessé s'appuie sur MM. Chabaud et Verzat. S'élance-t-il vers cet homme qui perd son sang !

Non ! il se promène de long en large en disant : « ça se

6

corse ! ça se corse !... Il ne trouve rien à demander à M. Watrin que sa démission.

Il arrache à M. Chabaud cette parole indignée : « Mais Monsieur, on ne demande pas la démission d'un homme qu'on vient d'assassiner ! ».

Il s'éloigne sur cette parole qui restera comme un jugement et une flétrissure. De nouveau M. Watrin se trouve seul avec MM. Chabaud et Verzat.

Une parole de pitié, d'amitié, lui apporte une suprême consolation. Elle lui vient de M. Lemonier. Après la sortie de M. Cayrade, Lemonier entre en effet dans la pièce où souffre M. Watrin. Il lui serre la main et s'éloigne à son tour pour retourner se placer devant la porte de la maison.

M. Lemonier est là à côté de M. Laur. Comme le sous-préfet Simon ils croient que la colère de la foule est apaisée, qu'ils peuvent courir au télégraphe et expédier des dépêches destinées à rendre compte de la situation à Rodez et à Paris. Ils se croisent presque avec M. le Procureur de la République et M. le Juge d'instruction qui montaient au plateau.

Mais à peine MM. Laur et Lemonier sont-ils partis que l'accalmie qu'ils avaient constatée, cesse.

La foule s'est aperçue que M. Watrin n'était pas mort : elle a été frappée de certains mouvements qui se produisent au premier étage. M. Watrin, cruellement endolori et sentant le froid le gagner dans la salle où il avait été blessé, s'était traîné avec l'aide de MM. Chabaud et Verzat jusqu'à la pièce du fond, près du feu qui brûlait dans la cheminée!

Il voulait sentir encore un peu de chaleur terrestre avant d'être envahi par l'éternel froid de la mort.

Il avait été reconnu à la clarté que jetaient les flammes du foyer.

Une volée de pierres est aussitôt lancée dans les croisées.

M. Watrin dut se lever et se placer entre les deux fenêtres pour se mettre à l'abri des projectiles.

M. le maire de Decazeville était allé retrouver M. le sous-préfet au pied de l'escalier. Il lui parlait de la nécessité d'obtenir la démission de M. Watrin. Et chose à peine croyable mais que M. le sous-préfet a affirmée sous la foi du serment, encore à ce moment, il se gardait d'avertir M. Simon que M. Watrin était en haut, la tête ouverte et couvert de sang.

Avec l'assentiment du sous-préfet, M. Cayrade remonte auprès de M. Watrin. De nouveau il insiste pour avoir sa démission.

Il se passa en ce moment, Messieurs, une scène admirable !

Cayrade répétait pour la dixième fois à M. Watrin : Donnez votre démission ! »

M. Watrin, se tournant vers MM. Chabaud et Verzat, les interrogea du regard !... M. Verzat, ne songeant plus qu'à la nécessité de sauver M. Watrin, joignit ses supplications aux injonctions du maire : « Donnez votre démission, mon cher » sous-directeur... Songez que des démissions ainsi obtenues sont » sans valeur !... Vous ne pouvez plus résister ! Cédez !... Il y a » des précédents de démissions ainsi arrachées... et dont il n'a » été tenu aucun compte... » Il lui rappela ce qu'avait dû subir, en 1868, un de ses prédécesseurs, que la populace poursuivait, comme lui, de ses haines aveugles et criminelles, et qu'elle aurait jeté au bassin si le maire de ce temps-là avait été un de ces maires qui éloignent la gendarmerie aux heures de péril public.

M. Watrin écouta gravement et tristement le langage ému, mêlé de larmes et de prières de M. Verzat, puis il regarda M. Chabaud... A cette muette interpellation, M. Chabaud répondit qu'il pensait absolument comme M. Verzat !

Alors M. Watrin, épuisé, anéanti, laissa échapper ces paroles si longtemps retenues : « Soit alors, je donne ma démission ! »

Aussitôt M. le maire de Decazeville se précipite vers une des

fenêtres à demi défoncées, et s'adressant à la foule, il s'écrie :
« Mes enfants, la démission de M. Watrin est obtenue !...
» vous pouvez vous retirer maintenant ! »

La démission de M. Watrin ?... Ah ! ils en ont bien souci,
ces gens qui le suivent à la piste depuis une heure de l'après-
midi !

Ils répondent au maire par des cris sauvages : « C'est sa
» peau que nous voulons, et pas sa démission ! »

En même temps, un assaut furieux se produit. La pièce où
se trouve M. Watrin, où il a été successivement rejoint par le
sous-préfet, le commissaire de police, le Procureur de la République, le Juge d'instruction montés à la suite du maire, est
envahie ; on y pénètre à la fois par la porte et par une des
fenêtres contre laquelle a été dressée une échelle !... La salle
est éclairée à ce point que M. le sous-préfet a pu y écrire, à la
lueur du feu, une dépêche adressée au préfet.

La foule est là... elle est maîtresse... il ne s'agit plus que
de savoir par quelles mains M. Watrin sera déchiré !...

Bedel, qui a placé l'échelle pour ce suprême assaut, qui a
été mêlé au dernier acte du drame, comme il l'avait été au premier ; Bedel, interrogé par le juge d'instruction qui lui disait :
« Pourquoi mettiez-vous une échelle ? » ne lui a-t-il pas fait
cette réponse claire et sinistre à la fois : « Nous voulions tous
» être complices ! »

La foule se rue sur M. Watrin avec la ferme et commune
volonté d'achever de le tuer.

Ah ! monsieur le maire de Decazeville, oserez-vous dire
que la présence des gendarmes aurait été inutile à vos côtés
en ce moment ? Vous avez, je le reconnais, retrouvé le sentiment de vos devoirs et tenté de les remplir ; vous avez couvert
M. Watrin de votre corps !

Efforts inutiles et tardifs. Les coups passent au-dessus des
épaules du maire. Ils vont atteindre derrière lui l'infortuné

sous-directeur ! .. Souquières, entré par la fenêtre, cherche une arme. Il court à une des croisées. Il en arrache le montant et s'en sert pour asséner à M. Watrin un coup sur la tête ; M. le sous-préfet l'a reconnu. Il l'a vu frappant. M. Cayrade est violemment écarté. L'infortuné Watrin est découvert ! deux femmes, deux furies, s'attachent à sa tête sanglante et la tirent dans tous les sens !

M. Watrin est saisi et poussé vers le mur de droite. Il étend instinctivement sa main, qui laisse sur la paroi des traces sanglantes ! On le jette vers le mur qui fait face aux fenêtres, près de la cheminée... nouvelles traces de sang !

Il glisse et roule à terre. Trois individus, désignés d'une façon précise par un témoin qui a souvent menti, mais qui cette fois a dit la vérité, par Caussanel, ce gavroche sinistre qui accompagnait la horde des malfaiteurs depuis le matin : Souquières, Granier et Chapsal interviennent; ils saisissent M. Watrin par le haut du corps et par les jambes; ils le précipitent par une des fenêtres.

Ah ! Caussanel a bien dit la vérité sur ce qu'ont fait ces trois misérables assassins. Il a contemplé et décrit leur acte avec cette joie féroce qu'il manifestait quelques minutes après en s'écriant : « Ce n'est pas assez d'un cadavre !... maintenant il en faut un autre ! »

La victime tombe au milieu d'une foule que son supplice n'a ni émue, ni désarmée !

Elle s'élance sur son pauvre corps qui n'est plus qu'une vaste plaie ; elle saute sur lui; elle le piétine, comme vous l'ont dit plusieurs témoins !

Puis, quand tout est fini, elle se disperse dans l'ombre de la nuit qui s'était abaissée sur la fin de ce drame odieux.

Je ne sais si en ce moment, M. Chauveau, l'adjoint au maire de Decazeville, avait cessé de boire avec Lescure et Blanc ? (Sensation prolongée !)

Deux médecins se sont alors approchés du corps de M. Watrin; ni l'un ni l'autre n'était M. Cayrade.

On a ramassé M. Watrin; on l'a porté sous un petit hangar; la science était impuissante, elle était en face d'un reste de vie; mais cette dernière lueur devait bientôt s'éteindre.

Le décès constaté, on a transporté M. Watrin à l'hospice — dans cet hôpital où il aimait de son vivant à venir distribuer des secours et des consolations aux ouvriers pauvres et malades.

Je ne dirai rien ici de ce qui s'est passé après la mort de M. Watrin.

Il est inutile à la cause de rappeler quels efforts il a fallu faire pour assurer à cet homme de bien, ignoblement livré aux assassins, des honneurs funèbres dignes de lui, dignes d'un pays civilisé souillé par un odieux attentat.

Il y a des jours et des heures où les défaillances remontent des municipalités et des préfectures... jusqu'aux ministères.

Aujourd'hui M. Watrin repose dans la terre Lorraine. Il attend le moment où elle sera redevenue Française!...

Ne vous semble-t-il pas, Messieurs, qu'au récit des faits accomplis le 26 janvier à Decazeville, il n'aurait dû s'élever d'un bout de la France à l'autre qu'un cri unanime de colère et d'indignation? Ne pensez-vous pas que devant ce cadavre mutilé, lacéré, écrasé, tous les partis auraient dû oublier leurs querelles pour s'unir dans un même sentiment de respect pour la victime, de malédiction contre les meurtriers?

Eh bien! non. Il n'en a pas été ainsi! Pendant que les honnêtes gens, grâce à Dieu ce sont les plus nombreux dans notre cher pays! se demandaient avec stupéfaction comment un tel crime avait pu se consommer en présence de tous ceux qui détiennent l'autorité publique et en l'absence de tous ceux qui représentent la force publique, un parti qui s'intitule « le parti de la révolution sociale » a imaginé de s'approprier l'assassinat de Decazeville, de nier le crime, de prétendre que la mise à mort de M. Watrin n'avait été qu'une simple et légitime exécution!

Dans ses journaux, dans ses réunions publiques, ce parti a proclamé que les hommes qui avaient tué M. Watrin dans les conditions que vous savez, avec cette lâcheté féroce et ignoble, étaient non des assassins, mais des justiciers!

Ils ont convoqué leurs adhérents dans un cirque. Ils affirment que là, 3.000 mains se sont levées pour approuver l'ordre du jour que je vais vous lire :

Je veux croire pour l'honneur de mon pays, pour l'honneur de la nature humaine, qu'ils mentent, que jamais 3.000 Français n'auraient pu consentir à voter cette infamie.

» Considérant que la Société des houillères de l'Aveyron a » provoqué le conflit qui a coûté la mort à Watrin ;

» Considérant que les mineurs de Decazeville n'ont fait » qu'user du droit de légitime défense, inscrit dans tous les » codes ;

» Les citoyens et citoyennes réunies au théâtre du Château- » d'Eau se déclarent solidaires des justiciers de l'Aveyron, » auxquels ils envoient toute leur sympathie. »

Le parti de la révolution sociale osait prétendre que l'assassinat de M. Watrin n'avait été qu'un acte de légitime défense, que ses meurtriers n'avaient fait que frapper en lui un abominable oppresseur des ouvriers, un des instruments féroces de ce que dans son langage, il appelle « la féodalité financière ».

Pour que cette thèse pût se soutenir, il fallait que la Société de Decazeville apparût aux regards de l'opinion, comme une Compagnie avide de lucre, manquant à tous ses engagements vis-à-vis de ses ouvriers ; prétendant les asservir en politique, sans pitié pour leurs doléances, n'écoutant aucune de leurs réclamations, leur refusant les secours, les volant sur leurs maigres salaires!

Il fallait enfin, que M. Watrin pût être représenté comme l'instigateur, l'agent de cette oppression, de cet écrasement de la classe ouvrière.

Un fait gênait les sectaires politiques qui tentaient de peindre sous de telles couleurs la Compagnie des houillères de l'Aveyron; de prêter un pareil rôle, de donner une semblable physionomie à son infortuné sous-directeur.

Une fois les fureurs qu'avaient déchaînées les misérables que vous connaissez maintenant, apaisées dans le sang de M. Watrin, les ouvriers étaient rentrés dans les mines. Le travail, arrêté 48 heures seulement, avait repris partout. A la suite du meurtre de M. Watrin, il n'y avait eu que deux jours d'interruption dans l'exploitation des gîtes houillers et dans le travail de la forge.

En réalité, il n'y avait pas eu de grève, bien que la Compagnie eût refusé nettement les concessions impossibles qu'étaient venus lui demander, au lendemain de l'assassinat, des intermédiaires imprudents, bien que revêtus d'un caractère officiel.

Sans grève à Decazeville, la thèse imaginée par le parti de la révolution sociale s'écroulait. Il devenait impossible d'en faire bénéficier les gens qui sont en ce moment sur le banc des accusés! Il ne fallait plus songer à ériger en justiciers les vils assassins qui sont là devant vous!

Il fallait donc une grève à Decazeville!

Et alors, on a vu s'abattre sur la concession des prédicateurs de grève. Les uns avaient quitté les bancs de la Chambre des Députés, les autres appartenaient à la presse radicale la plus violente, la plus révolutionnaire!

En vue d'entraîner les ouvriers, ils firent miroiter à leurs yeux l'irréalisable utopie de la mine aux mineurs!

Pour déterminer ces gens simples, ils leur persuadèrent que l'État était disposé à leur livrer les gîtes houillers! Qu'il leur suffirait de proclamer la grève, de la prolonger, pour que l'État obligeât la Compagnie à leur abandonner sa concession!

Ils ont réussi à se faire écouter, et après un mois d'excitations, de mensonges sans excuse, ils sont parvenus à faire naître, à étendre jusqu'à Firmy cette grève qui a duré 110 jours et qui vient à peine de prendre fin.

Elle s'est terminée, non pas comme on l'a dit, par une capitulation de la Compagnie. Celle-ci n'a cédé ni sur les personnes dont on lui demandait le sacrifice, ni sur aucun des principes mis en question par les grévistes ou, à dire plus vrai, par des meneurs étrangers à la mine.

Elle s'est bornée à maintenir les concessions de détail qu'elle avait offertes ou accordées bien avant la grève du mois de février.

Elle n'y a ajouté qu'une augmentation de salaire insignifiante, consistant à élever de 1 fr. 90 c. à 2 francs le prix de la benne de gros et représentant une somme de 15,000 francs par an environ.

Il a suffi pour l'y décider de l'expression d'un désir du gouvernement.

Si elle avait pu penser que ce sacrifice limité, calculable, fût de nature à empêcher cette grève ruineuse de naître ou de se prolonger, elle l'eût consenti dès le premier jour.

La Compagnie s'est montrée dans cette circonstance ce qu'elle a toujours été, c'est-à-dire équitable, compatissante et vraiment humaine, n'écartant que les prétentions inadmissibles. Vous allez le voir par les explications qu'il me reste à vous fournir afin de réfuter à l'avance les arguments qu'on pourrait être tenté de faire valoir auprès de vous, en vue d'amoindrir la culpabilité des accusés !

Est-il possible à leur défense de trouver dans les faits qui ont précédé le crime du 26 janvier, je ne dirai pas la moindre justification, mais quelque atténuation du forfait dont M. Watrin a été la victime.

Examinons rapidement avec la seule passion de la vérité, les actes de la Compagnie, la conduite de M. Watrin qui la représentait vis-à-vis de ses ouvriers!

Si des responsabilités de toute nature se trouvent engagées dans le meurtre de M. Watrin, — et dans la grève qui a suivi — il y en a deux du moins que vous n'y rencontrerez pas : c'est celle de la Compagnie des Forges et Houillères de l'Aveyron et celle de l'homme qui a été son loyal, courageux et infortuné serviteur.

Essaiera-on de répéter, en présence de l'unanimité des témoignages recueillis, que M. Watrin était dur pour les ouvriers, ou qu'il les trompait par une bienveillance feinte et un intérêt seulement apparent.

Quelle attestation pourrait-on produire à l'appui de ces allégations odieuses?

Je me bornerai à ce que M. Watrin a fait comme sous-directeur de Decazeville, — car ce qu'il avait été auparavant dans tous les établissements qu'il a traversés, Me Aubin vous l'a exposé dans des termes auxquels on ne peut rien ajouter.

La conduite de M. Watrin à Decazeville, elle touche à la dignité de sa mémoire et je voudrais que son austère, touchante et douloureuse effigie restât gravée dans les souvenirs de tous ceux qui tiennent au vaste monde de l'industrie.

Dès son arrivée à Decazeville, M. Watrin avait compris que deux devoirs également sacrés s'imposaient à lui : assurer le bien-être des ouvriers de la mine et de la forge et sauvegarder les intérêts de la Compagnie dont il était le représentant. Il se rendait parfaitement compte des obstacles contre lesquels il allait se heurter dans un bassin comme celui de Decazeville et de la difficulté de concilier les réclamations des mineurs avec les nécessités de la crise industrielle que traversait l'industrie des forges et houillères.

Il voulait que la Compagnie ne succombât pas, qu'elle restât debout, mais il voulait aussi, surtout, que les ouvriers pussent vivre. De là lui vint la passion de l'économie, qui seule pouvait suivant lui, tout sauver et tout mettre en accord.

Cependant, ainsi que vous l'a dit M. Petitjean, il y avait une nature d'économies dont M. Watrin ne voulait pas entendre parler c'étaient celles qu'on aurait pu être tenté de chercher sur les salaires des ouvriers. Sa devise était : « Économiser sur tout, excepté sur les salaires. »

Il lui est resté fidèle. Pour s'en convaincre il suffit de comparer le salaire moyen des ouvriers de Decazeville, en 1880 et à la fin de l'année 1885.

Il est resté le même.

La répartition des salaires seule a subi certaines modifications. Aujourd'hui elle est plus équitable, mieux proportionnée au travail accompli par chaque ouvrier.

C'est en matière de répartition des salaires seulement que M. Watrin a été un novateur.

Il a voulu faire prévaloir dans la rémunération du travail de chacun cette idée de justice qui était la règle directrice de sa vie.

A chaque heure de l'existence si bien remplie que menait M. Watrin à Decazeville apparaissait son perpétuel souci du bien-être de la population ouvrière. Il éclatait dans mille détails qui vous ont été rappelés et notamment dans les investigations incessantes auxquelles il se livrait sur les besoins et les ressources des mineurs et forgerons.

C'était de l'espionnage, a-t-on dit. Vous avez déjà fait justice de cette allégation, Messieurs !

La constante obsession de l'esprit de M. Watrin c'était la recherche des mesures les plus propres à assurer aux ouvriers

tout le nécessaire sans aggraver les charges d'une Société
vivant dans des conditions pleines d'embarras industriels et
commerciaux.

Est-ce qu'il y a une contestation possible sur ce point, en
présence de l'instruction faite, maintenant que les témoins ont
parlé.

Voulez-vous que nous examinions les uns après les autres,
les griefs produits contre la Compagnie des Forges et Houillères
de l'Aveyron et dont on a prétendu rendre Watrin responsable.

La vérité a été faite sur tous ces griefs, autour desquels on
avait mené si grand bruit dans la presse, dans les réunions
publiques, jusque dans le Parlement.

Pas un n'a pu résister au contrôle des magistrats, à la con-
tradiction des audiences, tant ils étaient vains et dénués de
tout fondement.

Que n'avait-on pas imaginé?

A Decazeville, s'écriaient les orateurs qui ont déterminé la
grève, les ouvriers travaillent dans des conditions abomi-
nables : leur situation est beaucoup plus terrible que celle des
mineurs attachés à d'autres exploitations.

Les feux qui dévorent les gîtes houillers de Decazeville
ont fourni cent textes à déclamation.

La vérité, c'est que dans les mines de Decazeville, les va-
riations de température sont plus brusques et plus fortes que
dans les concessions du nord de la France ou du centre. Mais,
par contre, l'ouvrier de Decazeville a sur les mineurs de ces
concessions à climat plus tempéré et plus fixe, un avantage
inappréciable. Il accomplit sa tâche debout, au lieu de tra-
vailler couché, comme on est obligé de l'être dans les mines du
Nord, ce qui est une redoutable aggravation de fatigue.

L'ouvrier de Decazeville est mal payé, avaient dit et écrit
les détracteurs de la Compagnie des Forges et Houillères de

l'Aveyron. Nulle part le salaire n'est aussi disproportionné avec la quantité et les difficultés de la besogne des serfs de la mine.

M. Vital, l'ingénieur des mines, a parlé. Que reste-t-il de cette odieuse allégation? Il a rapproché la durée des journées et le taux des salaires à Decazeville, du temps de travail et de la rémunération des ouvriers mineurs de toutes les autres exploitations houillères. Il est résulté de cette comparaison, la preuve indéniable que c'était à Decazeville que l'ouvrier recevait le prix le plus élevé pour le moindre temps de travail.

On avait osé prétendre qu'à Decazeville, les contrats passés eutre la Compagnie et les ouvriers n'étaient pas respectés.

M. Vital a démontré que c'était une calomnie.

Mais ce n'est pas tout : en dehors de lui on a, sur ce point, qui avait particulièrement préoccupé l'instruction, interrogé tous les ouvriers qui ont voulu être entendus.

Est-ce qu'il ne résulte pas de leurs dépositions presque unanimes, qu'il n'y a pas de mines au monde où les relations aient jamais été plus loyales entre les ouvriers et les concessionnaires de l'exploitation. Le mécanisme des bulletins vous a été expliqué. Vous avez vu comment ils créaient un titre pour l'ouvrier, et lui permettaient de faire toujours respecter les engagements pris vis-à-vis de lui.

Je n'ai pas à insister sur ce grief bien qu'il ait tenu tant de place dans les dépositions que vous avez recueillies! — Je n'y insiste pas, parce que la vérité a été rétablie;... parce que vous avez vu s'évanouir toutes les fictions, parce que vous avez vu s'écrouler tout l'échafaudage de mensonges entassés de ce chef contre la Compagnie et contre M. Watrin.

Un fait s'est dégagé de la vaste enquête qui s'est déroulée à vos audiences, c'est que la Compagnie de Decazeville est, — ae toutes les Sociétés de mines, — non seulement la plus juste mais aussi la plus paternelle, la plus bienfaisante pour les ouvriers qu'elle occupe.

Comme la Société des Forges et Houillères de l'Aveyron a été bien vengée de cette calomnie : qu'elle se créait un fonds de roulement avec la retenue des salaires du premier mois qu'elle était accusée d'imposer à ses ouvriers ! Les interrogatoires ont prouvé qu'il n'y avait là qu'une invention sans prétexte.

On avait affirmé que les ouvriers de la Compagnie étaient privés de toutes ressources pour leurs vieux jours ! — qu'aucune pension de retraite ne leur était assurée ! Devant vous il a fallu avouer que la Compagnie des Forges et Houillères de l'Aveyron, — sur la proposition même de M. Watrin, — avait organisé une caisse de retraite pour ses vieux ouvriers, qu'elle avait doté cette caisse au moyen de capitaux fournis exclusivement par elle, sans aucune retenue sur les salaires, et qu'elle s'imposait actuellement de ce chef une dépense de 40,000 francs par année.

La Société de secours mutuels de Decazeville avait été représentée comme une sorte d'instrument de pression placé entre les mains de la Compagnie, comme livrée à son arbitraire, lui permettant de réduire à la misère les ouvriers qui voulaient faire vis-à-vis d'elle acte d'indépendance. Il a été établi que cette Société fonctionnait sans réclamation de personne, qu'elle était dirigée par un Conseil d'administration souverain dans ses décisions, composé de vingt-trois membres, dont dix-sept étaient des ouvriers — que la Compagnie n'intervenait que pour fournir à la Société 45 0/0 des sommes figurant au budget de ses recettes — en dehors du chauffage de ses pensionnés.

C'est ainsi que partout où une calomnie avait été formulée... l'instruction, — non pas la nôtre, à nous, partie civile ; — mais celle du ministère public, de la justice, a dégagé un formel démenti !... Elle a prouvé que tous les griefs allégués étaient imaginaires, qu'ils avaient été inventés de parti pris, pour être étalés dans les réunions publiques et répandus par une presse odieuse !... s'appliquant dans un intérêt de spéculation politique, à détourner les ouvriers de leurs véritables intérêts !

Il faut le dire bien haut : car c'est la vérité, la Compagnie de Decazeville n'a pas voulu que ses ouvriers fussent seulement vis-à-vis d'elle des salariés : elle a voulu faire d'eux de véritables créanciers au regard de ses actionnaires !...

Dans toutes les années, bonnes ou mauvaises, elle prélève soit sur ses recettes, soit sur son capital, plus de 200,000 francs, représentant 57 francs par tête d'ouvrier. Elle a constitué avec cette somme annuelle de 200,000 francs, un budget de bienfaisance et de secours à formes diverses, indépendant de sa bonne ou de sa mauvaise fortune industrielle et commerciale.

Mais rien au monde ne peut arriver à désarmer ceux dont l'unique objet est d'agiter les masses ouvrières en les trompant. Ils sont les vrais, les seuls ennemis du peuple. Il convient de ne jamais laisser échapper une occasion de le crier à tous.

Un homme est tombé frappé, assassiné. Il était bon — et il représentait une Société juste et bienfaisante pour ses ouvriers. Pour atténuer, pour glorifier le crime, on n'a pas craint de calomnier cet homme et cette Société !... Notre devoir vis-à-vis de tous, notamment vis-à-vis des ouvriers, c'est de replacer cet homme et cette Société en pleine lumière, en pleine vérité.

Oui, Watrin et la Compagnie des Houillères et Forges de l'Aveyron avaient la constante préoccupation du sort de l'ouvrier, et aussi de sa dignité.

N'en donnaient-ils pas la preuve, quand ils prenaient à la charge exclusive des actionnaires, le fonctionnement pendant l'hiver des fourneaux économiques; quand ils créaient pour y accéder, des couloirs spéciaux permettant aux ouvriers porteurs dè bons à prix réduits, d'aller chercher leurs parts sans être confondus avec les pauvres assistés ?

Cette bienfaisance, ménagère de la susceptibilité légitime de l'ouvrier, est-ce qu'elle ne s'est pas marquée dans chaque détail de l'organisation et de la vie de cette Société coopérative de consommation, qu'on a eu l'injustice révoltante de reprocher à M. Watrin et à la Compagnie de Decazeville d'avoir soutenue et encouragée.

La Société coopérative de Decazeville, comment était-elle née ?

Était-ce une invention de la Compagnie ? Était-ce une œuvre de M. Watrin ? Non ! Elle s'est formée en 1879. Elle a commencé à fonctionner en 1880, avant que M. Watrin ne fût arrivé à Decazeville. Elle est sortie de l'initiative privée.

Quel était son objet ? Il a été d'abord de vendre le pain aux ouvriers, à meilleur marché, à un prix inférieur à celui des boulangers. Puis plus tard, en 1885, elle a ajouté la viande de boucherie à ses opérations.

Quelles ont été les conséquences de la création et du développement de cette Société de consommation ? Avant 1880, les ouvriers mineurs de Decazeville payaient le pain à raison de 1 fr. 30 c. les huit livres ; aujourd'hui, grâce à la Société coopérative, les huit livres de pain ne leur coûtent plus que 90 centimes ! Les boulangers de la ville sont de plus obligés de vendre au vrai poids.

La simple addition d'une branche boucherie à la branche boulangerie de la Société coopérative, bien qu'il n'y ait eu que 78 adhérents pour la boucherie, a suffi pour faire baisser de 15 0/0 le prix de la viande à Decazeville.

Quel véritable ami des ouvriers pourrait se plaindre de semblables résultats ?

M. Watrin n'a pas contribué à la création de cette Société ; il n'en faisait pas partie ; mais je reconnais qu'il lui était très favorable, — et avec raison, — car il se rendait compte des

services qu'elle pouvait rendre. Tout abaissement dans le prix
des objets de consommation, est une augmentation de salaire
pour l'ouvrier.

Pourtant, Messieurs, de quelles déclamations cette Société
coopérative n'est-elle pas devenue l'occasion? On a écrit, proclamé que la Compagnie des Houillères de l'Aveyron entendait
faire de la Société coopérative un instrument de domination
vis-à-vis de ses ouvriers. Ils deviendraient fatalement, a-t-on dit,
les débiteurs de la Société de consommation, et celle-ci étant à
la discrétion de la Compagnie, pouvant en cas de grève couper
les crédits et exiger des ouvriers débiteurs le règlement de
leurs comptes, toute grève deviendrait impossible, et l'omni-
potence arbitraire de la Compagnie se tournerait en indestruc-
tible oppression.

La réponse est facile. La Société coopérative de boulangerie
a 520 adhérents, sur lesquels 52 ne se rattachent par aucun
lien à l'entreprise des Forges et Houillères de l'Aveyron. Donc
430 adhérents, ouvriers ou employés de la Compagnie, sur
3,500 personnes dont se compose son personnel. Je ne parle
que pour mémoire des 78 adhérents à la branche boucherie.

Ce nombre de sociétaires a suffi pour obliger le commerce
de Decazeville à abaisser ses prix, — mais il n'était évidemment pas de nature à le ruiner, à le faire disparaître.

Les 3,500 ouvriers et employés de la Compagnie peuvent-ils
être entravés dans leur liberté de discuter le taux de leurs
salaires, par ce fait que 480 d'entre eux font partie d'une
Société de consommation qui vit d'une existence propre, tout
à fait étrangère à la Compagnie?

De telles sottises peuvent s'écrire dans les journaux, se
dire dans les réunions publiques, même être portées à la tri-
bune d'un parlement.

Mais devant des esprits éclairés comme les vôtres, elles ne
peuvent se soutenir un instant.

Il en est de cela comme de cette autre invention : — que les Administrateurs de Decazeville et M. Watrin — auraient essayé de transformer les institutions de bienfaisance créées par la Compagnie en instruments de pression politique sur le vote des ouvriers.

Nous avons sommé les témoins les plus hostiles à la Compagnie et à M. Watrin, de dire quels faits de pression étaient à leur connaissance, d'indiquer un seul renvoi d'ouvrier motivé par un vote ou un acte politique. Aucun d'eux n'a pu citer un fait précis.

Ils se sont contentés de répondre : « nous avons entendu dire..... On racontait que....! On avait appris....! » Et voilà tout.

Lorsque, — entrant dans les détails, voulant dissiper toutes les obscurités, puisqu'on invoquait ces actes de prétendue pression politique, ces renvois d'ouvriers, comme circonstances atténuantes en faveur des accusés et comme griefs contre la mémoire de M. Watrin, — nous avons pressé certains témoins, ils nous ont répondu que la Compagnie avait dû exclure des ouvriers indépendants au point de vue politique, puisqu'après les élections elle avait opéré quelques renvois.

Eh bien, Messieurs, voici la liste des ouvriers de Decazeville congédiés ou déplacés depuis les dernières élections; elle porte 44 noms. Sur les 44 ouvriers qui figurent sur cette liste, 14 ont simplement changé de service; 20, âgés de 70 ans, ont été mis à la retraite; 10 ouvriers, pris parmi les plus jeunes, ont seuls été remerciés.

Pourquoi ? — Uniquement parce qu'il y avait nécessité pour la Compagnie de diminuer son personnel, et qu'il était naturel de se séparer des serviteurs plus nouveaux, afin de conserver aux plus anciens leur travail et leur salaire.

Que reste-t-il donc de tous ces griefs inventés après coup contre la Compagnie des Forges et Houillères de l'Aveyron et au moyen desquels on a fomenté et prolongé cette grève de 110 jours, postérieure d'un mois à l'assassinat de M. Watrin?

Pendant cette grève, la Compagnie a su rester bienfaisante et juste pour les ouvriers égarés, tout en demeurant inflexible dans sa résistance à d'iniques et ruineuses exigences.

Cette grève si désastreuse cependant pour elle, elle a mieux aimé l'aider à se soutenir quelques jours de plus, que d'user vis-à-vis d'elle de la rigueur de son droit.

Pour en finir plus vite avec elle, il eût fallu suspendre tous les travaux, retirer toutes les subventions, refuser toute assistance. La Compagnie n'a pas voulu le faire. Loin de là, elle a fourni à la Société de Secours mutuels, lorsque son fonds de 19,000 francs a été épuisé, 15,000 francs d'avances pour que les affamés ne restassent pas sans pain.

Ses administrateurs ont ajouté aux subsides sociaux des sommes importantes prises de leur fortune personnelle.

Messieurs les jurés, c'en est assez. Votre conviction est faite.

Vous allez faire œuvre de justice! Vous frapperez les accusés qui sont devant vous, parce que tous ont trempé leurs mains dans le sang de M. Watrin, parce que comme M. le Procureur général vous le démontrera, ils ont conçu et prémédité ensemble un meurtre qui a tous les caractères juridiques d'un assassinat.

Mais en accomplissant votre devoir, vous regretterez avec moi que les auteurs et les complices du crime n'aient pu tous être traduits devant votre justice!

Il restera dans vos esprits comme dans la conscience publique, l'impression que ce drame épouvantable engage des responsabilités, qui si elles ne tombent pas sous le coup de la loi pénale, méritent du moins la réprobation de toutes les consciences droites, de tous les cœurs honnêtes.

Puisse-t-il sortir de ces débats une leçon pour ces malheureuses populations ouvrières que des exploiteurs égarent, affament, détournent du travail en osant leur parler de la prétendue exploitation dont elles seraient victimes.

Puissent-elles comprendre à quelles ambitions malsaines obéissent ceux qui ne craignent pas de les pousser à la misère et au crime, pour se hausser de quelques centimètres sur ce qu'ils croient être un piédestal, sur ce que j'appelle, moi, un pilori! *(Sensation prolongée.)*